FRANCE ET RUSSIE

Paris. — Typ. de Cosson et Comp., rue du Four-Saint-Germain, 43.

FRANCE ET RUSSIE

PAR

UN DÉMOCRATE

PARIS

E. DENTU, ÉDITEUR,
PALAIS-ROYAL, GALERIE D'ORLÉANS, 13 ET 15.

1863

I

Certain nombre de Français sont atteints d'une maladie grave, la russophobie. Les symptômes en sont alarmants, et cette affection pourrait passer à l'état chronique, si l'on ne prenait pas soin d'y remédier. C'est dans ce but philanthropique que je leur adresse cet écrit.

Je sais d'avance que plusieurs se dispenseront de le lire et se contenteront de me traiter de *Cosaque*. Je pourrais répondre à ces messieurs qu'ils sont des *Polacres*, et vous savez quel sens on attache à ce mot, qui vient du nom des Polonais. Mais je suis convaincu que ces injures réciproques ne serviraient point à élucider la question. Du reste, si l'on tient à ce que je sois *Cosaque*, je le veux bien; car ce mot désigne, chez les Russes, un *homme libre*, et je ne me trouverai point déshonoré par ce titre.

Je ne dédaigne donc pas le nom, je méprise seulement les gens qui croient répondre en jetant à la face d'un homme sérieux un mot qu'il considèrent comme une injure, et je m'adresse seulement à ceux qui sont capables d'entendre la vérité, même lorsqu'elle contredit des préjugés que l'on s'est habitué à considérer comme respectables.

Je commence par déclarer que je suis démocrate, ancien rédacteur en chef d'un journal démocratique.

C'est *à cause de cela* que je suis pour la Russie contre l'insurrection dite polonaise.

Je suis contre cette insurrection, parce qu'elle n'est pas un soulèvement national, quoique plusieurs journaux l'aient répété et le répètent à satiété. Je n'aurais besoin que des récits de ces journaux eux-mêmes pour être persuadé que les insurgés de Pologne comptent dans leurs rangs beaucoup d'aventuriers, ou d'hommes à imagination ardente, soudoyés ou trompés par un parti aristocratico-clérical. Les principaux chefs de ce parti n'affrontent pas le danger; ils n'aspirent qu'après le moment où ils pourront exploiter le peuple, le conduire à la cravache, et profiter de ses sueurs.

N'était-ce pas là l'état de la Pologne à l'époque de son démembrement? Ce malheureux pays n'était-il pas exploité par les nobles et par les prêtres? Ne sont-ce pas ces nobles et ces prêtres qui font aujourd'hui les démocrates, qui grimacent le nom de patrie, pour couvrir d'un beau prétexte leurs basses passions? Les journaux russophobes m'en ont convaincu. Ce sont eux qui, malgré eux, m'ont appris que les bandes insurgées se recrutent principalement dans les duchés de Posen et dans la Gallicie; qu'elles sont soutenues d'une foule de cosmopolites, Français, Anglais, Italiens, etc., etc. On voudrait bien nous faire croire que c'est le désintéressement qui guide ces *héros;* qu'ils veulent généreusement verser leur sang par amour platonique pour une nationalité qui n'est pas la leur et qui se soucie peu de leurs sacrifices. Admettons qu'il en soit ainsi pour quelques-uns; mais à qui persuadera-t-on que tous soient animés d'un esprit aussi chevaleresque? On pourrait du reste leur demander de quel droit ils veulent régénérer la Pologne malgré elle ? C'est très-beau de régénérer les peuples ; mais il ne faudrait pas les y forcer par les menaces, par les mauvais traitements, comme le font les insurgés. L'inquisition procédait ainsi autrefois, pour forcer à entrer au ciel les récalcitrants qui s'inquiétaient peu de leur salut. Si l'insurgé polonais est moins hypocrite, il est aussi cruel que l'inquisiteur ; à ce point de vue, il est son frère. Ce rapprochement vous étonne peut-être ? Il est très-juste, comme vous l'allez voir.

Je commencerai par demander pourquoi les journaux russophobes ne disent pas la raison pour laquelle c'est surtout dans le duché de Posen et dans la Gallicie que se recrutent les bandes des insurgés ? Ils doivent savoir pourtant, puisqu'ils font leur métier de la politique, que le duché de Posen, qui appartient aujourd'hui à la Prusse, appartenait jadis à la Pologne au même titre que le duché de Varsovie, qui est annexé maintenant à la Russie. Pourquoi l'insurrection a-t-elle toujours lieu dans la Pologne russe et jamais dans la Pologne prussienne ? Le roi de Prusse aurait-il les sympathies des Polonais ? Pas du tout. Serait-il plus puissant pour réprimer l'insurrection ? Pas le moins du monde. Serait-il moins despote à l'égard des polonais ? Il n'y songe même pas. Alors, pourquoi toujours l'insurrection dans le duché de Varsovie et jamais dans le duché de Posen ?

Et la Gallicie ? Cette province, jadis partie intégrante de la Russie, appartenait à l'ancienne Pologne au même titre que le duché de Varsovie à l'époque du démembrement ; et elles appartiennent aujourd'hui à l'Autriche. Pourquoi l'insurrection n'éclate-t-elle pas en Gallicie tout aussi bien que dans le duché de Varsovie ? L'empereur d'Autriche serait-il plus Polonais que le tsar de Russie ? Personne ne le croit. Les Polonais aiment-ils mieux être Autrichiens que Russes ? C'est peu probable ; car, enfin, ils sont Slaves comme les Russes, et les Autrichiens sont Allemands. L'empereur d'Autriche serait-il plus libéral que son confrère de Saint-Pétersbourg? Les russophobes ne pourraient le soutenir sans se moquer du monde. Pourquoi donc l'insurrection n'éclate-t-elle pas plus en Gallicie que dans le duché de Posen, mais toujours et uniquement dans le duché de Varsovie? Les journaux russophobes le savent bien, mais ils ont leurs raisons pour ne pas le dire.

Quelles sont ces raisons? Ah! si je disais tout, de quelles malédictions, bon Dieu! je serais accablé! Tranquillisez-vous, feuilles *libérales!* je ne dirai rien, sinon que les mauvaises langues affirment que vos opinions sont pesées au poids de l'or. Certes, elles sont assez brillantes et assez bien exprimées pour qu'on les paye cher. On parle de très-beaux chiffres pour tel ou tel journal, selon son importance et son énergie. Importance, énergie! cela vaut beaucoup d'argent par cet heureux temps où les hommes énergiques, importants, sont cependant si nombreux, dit-on!

Si j'en crois ces mauvaises langues, les journaux russophobes seraient donc très-généreusement payés pour ne pas expliquer le vrai caractère de l'insurrection dite polonaise. S'il n'en est pas ainsi, ces journaux devraient bien donner la preuve du contraire, car je les avertis que ce bruit prend beaucoup de consistance. On veut voir là: les vrais motifs pour lesquels ils attribuent aux insurgés cent fois plus de victoires glorieuses que n'en ont jamais remporté Alexandre, Annibal, César, Charlemagne et Napoléon Ier; les vrais motifs pour lesquels ils attribuent aux insurgés de tels progrès que, supputés sur une moyenne de quelques kilomètres par progrès annoncé, l'insurrection devrait être aujourd'hui en possession de tout le pays qui s'étend de Varsovie à Pékin; enfin, les vrais motifs pour lesquels ils veulent que les Russes soient presque toujours battus, qu'ils soient incendiaires, massacreurs, sauvages. Je suis étonné que les journaux russophobes n'aient pas encore dit que les Cosaques avaient fait un rosbif avec le corps d'un insurgé : c'est une lacune dans leurs récits ; le reste y est, mais ce détail me semble leur avoir échappé. Je ne demande aucune rétribution pour le leur avoir indiqué ; mais je ne payerai pas pour le faire insérer.

Revenons à la question. Pourquoi les journaux russophobes *chauffent-ils* l'insurrection contre la Russie et jamais contre la Prusse ou l'Autriche ? Ils sont même allés jusqu'à faire des *mamours* à cette dernière puissance. Elle est si amie de la liberté ! elle a si bien le droit de s'intéresser à l'indépendance de la Pologne !

Enfin pourquoi toujours l'insurrection contre la Russie ?

Puisque nos journaux ne le disent pas, je le dirai, moi, et *gratis* encore.

D'abord, qu'est-il arrivé dans le duché de Posen ? Les Allemands se sont peu à peu dirigés dans cette partie de l'ex-Pologne. Or, l'Allemand est en général travailleur et économe. Il arriva donc qu'il travailla et économisa au point que les terres des Polonais, d'abord hypothéquées, lui furent vendues petit à petit, et qu'il est aujourd'hui propriétaire de la plus grande partie du duché de Posen. Les nobles polonais (et la noblesse fourmille en Pologne, c'est une vraie épidémie), donc, les nobles polonais ne possédèrent bientôt plus que leur titre, ce qui ne suffit pas du tout à leurs besoins. Que peuvent faire ces nobliaux ? Ils se procurent un fusil, font les patriotes, et vont guerroyer dans le duché de Varsovie, espérant trouver par là quelques terres pour remplacer celles qu'ils ont vendues ; ils comprennent que le duché de Posen ne leur appartient plus, puisqu'ils l'ont vendu par lots et qu'on le leur a payé.

Toutefois, ils font écrire pour la forme, dans les journaux

étrangers, que le duché de Posen leur appartient au même titre que celui de Varsovie, et qu'après avoir conquis ce dernier ils revendiqueront le premier. Que veut dire ceci en bon français? Tout bonnement que, si un jour ils le pouvaient, ils reprendraient leurs terres à ceux qui les ont payées; ou bien encore qu'ils feraient, des vrais propriétaires, leurs vassaux, leurs serfs, trop heureux de leur payer la rente de ces mêmes terres achetées et payées.

Il n'y a que les amis de l'insurrection polonaise pour vous dire tranquillement de ces choses-là, et les couvrir du mot pompeux de patrie. Mais, insurgés posnaniens, si vous l'aimez tant, cette portion de votre patrie, pourquoi l'avez-vous vendue? Patrie ou non, vous l'avez vendue, n'est-ce pas? on vous l'a payée? Eh bien, elle n'est plus à vous.

Et la Gallicie? pourquoi l'insurrection n'y a-t-elle pas lieu comme dans le duché de Varsovie? Pourquoi? On a pourtant assez parlé des massacres de la Gallicie pour le comprendre. L'Autriche n'eut pas recours à un moyen aussi honnête que la Prusse pour se débarrasser du ferment de discorde qui existait dans la noblesse polonaise. Elle a tout simplement organisé une *jacquerie*. Les paysans se sont débarrassés eux-mêmes de leurs seigneurs, et soyez persuadés qu'ils ne feront pas aujourd'hui cause commune avec ceux d'entre eux qui ont échappé au massacre, ou avec leurs amis. Voilà pourquoi la Gallicie ne sympathise point avec l'insurrection polonaise.

Vous comprendrez encore mieux comment le duché de Varsovie sert de point de ralliement aux ruinés de Posen et aux échappés de Gallicie, lorsque je vous aurai dit comment la Russie a procédé à l'égard de la partie de la Pologne qui lui était échue.

Elle n'avait point de population superflue à y envoyer comme la Prusse; elle n'y a point organisé de *jacquerie* comme l'Autriche; elle a laissé cette province telle qu'elle était avant qu'elle lui fût annexée; elle lui a conservé ses lois, ses coutumes, ses usages et *sa religion*.

Ce dernier mot vous surprend peut-être; on parle tant des persécutions religieuses de cette malheureuse Pologne! S'il y a un impudent mensonge, c'est bien celui-là. Les jésuites en sont les auteurs, c'est tout dire. Qu'ils cherchent à le propager par tous les moyens, on le comprend; mais que les libres-penseurs de la presse leur fassent écho, c'est là ce qui ne se comprend pas, et ce qui donne un nouveau fondement à ces bruits dont nous avons parlé.

II

A propos de persécutions religieuses, je me permettrai une
petite digression en l'honneur de cette fameuse abbesse de
Minsk, dont les journaux jésuitiques ont répété les malheurs
à tous les échos d'alentour; sur laquelle M. L. Veuillot a
versé ses pleurs les plus amers. Cette intéressante victime
de l'intolérance moscovite s'échappa sanglante des griffes du
monstre qui l'avait déchirée; elle montrait son corps meurtri
par le knout; elle arriva ainsi *clopin-clopant* jusqu'à Rome;
le saint-père la bénit, ou plutôt la vénéra, et lui donna le
gouvernement d'une sainte maison religieuse dans la Ville
Éternelle.

Depuis, on a gardé un silence profond sur la sainte abbesse,
et l'on ne sait ce qu'elle est devenue. Voulez-vous savoir
pourquoi?

Lorsqu'on apprit en Russie que l'on avait martyrisé une
sainte abbesse, ce dont personne ne se doutait, on prit des
informations. On chercha d'abord le monastère dont elle était
abbesse, et l'on trouva qu'il n'existait pas... Mais ne don-
nons pas la suite du récit; on dirait que nous voulons pro-
voquer le scandale. En résumé, l'abbesse-martyre n'était
ni abbesse ni martyre.

Je vous le demande : ceux qui ont inventé l'abbesse-martyre ne sont-ils pas capables d'en inventer d'autres? Un fait certain, c'est que toutes les prétendues persécutions dont on parle sont autant de mensonges ; c'est que l'on ment avec impudence lorsqu'on dit que les Polonais sont persécutés pour leur religion.

Le gouvernement russe a agi envers eux avec UNE TELLE DÉLICATESSE, qu'il est défendu à tout prêtre de l'Église orthodoxe de faire de la propagande en Pologne. Aussi n'existe-t-il qu'*une seule église* du rite russe dans le duché de Varsovie ; c'est une ancienne chapelle de Capucins que le gouvernement russe a payée à ces bons Pères plus cher qu'elle ne valait ; et elle n'est affectée qu'aux employés du gouvernement qui suivent le rite russe.

Ce fait n'est-il pas significatif?

En voici un autre qui ne l'est pas moins : les églises et les prêtres catholiques du duché de Varsovie sont mieux rétribués que les prêtres russes ; ils sont mieux traités par le gouvernement russe que les églises et les prêtres catholiques de France ne le sont par le gouvernement français. Ce dernier donne 850 francs par an à la presque totalité des prêtres ; il n'est pas un prêtre polonais qui reçoive moins de 2 000 francs.

Ce fait n'est-il pas encore significatif?

Quel est le Polonais que le gouvernement russe ait cherché à rendre orthodoxe? On ne peut en nommer un seul, et pour cause. Il est facile de jeter aux quatre vents des accusations générales contre un gouvernement ; mais il est plus difficile de les préciser. Or, une accusation générale, dénuée de preuves, n'est légitime qu'aux yeux des fanatiques, et n'a de force que pour les imbéciles.

On a cité avec grand bruit quelques faits qui ont eu lieu dans les province qui, jadis, ont passé successivement sous la domination des Polonais et des Russes. Il va sans dire que les amis de l'insurrection font de ces provinces autant de possessions polonaises. Pourquoi? Parce qu'ils les ont possédées. Mais comment les ont-ils possédées? Par le droit du plus fort. Ils les avaient prises aux Russes. Qui ne sait que Kiew, par exemple, fut l'ancienne capitale de la Russie, qu'elle est la ville sainte de ce pays, qu'elle est la *mère de toutes les villes russes*? Cette dernière expression est du grand-duc Oleg, qui transféra de Novgorod à Kiew le centre de ses États. Les Polonais la réclament comme leur propriété. Pourquoi alors les Anglais ne réclameraient-ils pas Paris? cette ville leur a appartenu au même titre que Kiew aux Polonais!

Mais ce qui montre surtout le fanatisme aveugle ou l'ignorance des amis de l'insurrection, c'est qu'ils osent prononcer le mot de persécutions religieuses en parlant de ces provinces. L'*Opinion nationale*, qui ne sait pas un mot de l'histoire de Pologne et qui ne se soucie pas plus de l'Église orthodoxe que de l'Église romaine, a fait des phrases pleines de larmes sur ces malheureux habitants de la Lithuanie, que le tsarisme a forcés d'abandonner *la religion de leurs pères* et qui n'aspirent qu'à y rentrer. Les *savants* de l'*Opinion nationale* ne savent donc pas que la première Église chrétienne établie en Lithuanie fut l'Église orthodoxe? Ils ne savent donc pas que, sous la domination polonaise, cette province fut couverte de sang par leurs bons amis de la Pologne, lesquels ont appliqué à ce pays malheureux le double système de l'inquisition et du jésuitisme, pour le forcer à adhérer à l'Église romaine? Ils ne savent donc pas que les Polonais chassèrent, couvrirent d'ignominie, pillèrent, massacrèrent les prêtres russes; qu'ils leur volèrent leurs églises; qu'ils donnèrent ces Églises en fermage aux Juifs; qu'ils recherchèrent si activement tous les écrits des Orthodoxes pour les livrer aux flammes, que l'on ne possède presque plus rien des monuments littéraires de cette époque? Au point de vue religieux, la domination polonaise fut celle du fanatisme et de l'intolérance la plus sauvage, et c'est ainsi qu'on est parvenu à créer, auprès de la masse du peuple, restée orthodoxe malgré la persécution, une minorité de *Grecs-unis*, espèces d'êtres religieux sans caractère, qui sont trop *romanistes* pour être orthodoxes, trop Grecs pour être Romains ; qui ne se distinguent que par leur fanatisme et leur haine de la Russie.

Versez donc des larmes maintenant sur ce pauvre peuple qui désire revenir à la *religion de ses pères*. Il en est qui y sont revenus et qui y reviennent *spontanément;* alors ils redeviennent orthodoxes, car c'est l'Église orthodoxe qui fut celle de leurs pères, n'en déplaise à l'*Opinion nationale*. Lorsque les conversions arrivent, les fanatiques jettent des clameurs, ils crient à la persécution. De quoi les Jésuites ne sont-ils pas capables ! Ils veulent, sans doute, avoir le monopole de la conversion, comme celui de la persécution !

Non-seulement la Russie a conservé à la Pologne sa religion, mais encore ses lois, ses usages, ses coutumes.

Lorsque *la noblesse polonaise* eut fait cause commune avec Napoléon Ier, cet empereur donna à la Pologne le Code français. Il crut lui faire un beau cadeau, et, en vérité, ce Code, malgré ses défauts, vaut beaucoup mieux que l'ancienne législation polonaise ; mais la noblesse n'en était pas flattée ; elle entendait bien conserver ses priviléges. Cependant il n'était pas prudent de faire de l'opposition à la volonté du seigneur et maître; en conséquence on avisa aux moyens d'éluder les dispositions du Code Napoléon, tout en feignant de le recevoir comme un bienfait. Un Jésuite donna le conseil de rédiger une adresse pompeuse au sauveur de la Pologne pour lui dire, que la noblesse polonaise était heureuse de l'ère nouvelle qui commençait pour son pays; qu'elle saurait elle-même faire sur l'autel de la patrie tous les sacrifices; qu'elle renonçait à tous ses priviléges; qu'elle ne demandait qu'à porter le fardeau le plus lourd. Le pauvre peuple ne payera donc pas d'impôt, et la noblesse acceptera *le devoir* de remplir gratuitement toutes les charges.

Napoléon Ier se laissa prendre à ce langage jésuitique. *Il obligea* la noblesse à remplir gratuitement toutes les fonctions publiques, et il *légalisa* ainsi l'arbitraire et la tyrannie qu'exerçait cette noblesse de temps immémorial; il consacra son usurpation. Voilà pourquoi le peuple polonais resta l'esclave d'une noblesse privilégiée, pourquoi le Code Napoléon est resté lettre morte pour la Pologne. Que le gouvernement russe abolisse et l'esclavage du peuple et les priviléges de la noblesse, et il n'y aura plus de Pologne.

Les nobles et les prêtres de ce malheureux pays l'ont compris. Le mouvement libéral dont l'empereur Alexandre II a pris l'initiative les a effrayés. Leurs craintes ont doublé en voyant arriver en Pologne le grand-duc Constantin, dont le libéralisme laisse loin derrière lui celui du *Siècle* et de l'*Opinion nationale*. Ils ont vu que le peuple polonais allait être affranchi; que leur oligarchie aristocratico-cléricale allait être radicalement détruite, et ils ont tenté un dernier effort. Tel est le vrai sens de l'insurrection polonaise dont on fait tant de bruit aujourd'hui.

III

Depuis plusieurs années, les nobles et les prêtres accumu-
laient des fonds destinés en apparence aux pauvres réfugiés
polonais qu'on laissait mourir de faim. On les emploie, ces
fonds, à tout autre chose ; et, par une étrange anomalie, nous
voyons côte à côte, dans la *guerre sainte*, des cléricaux et de
soi-disant libéraux ; des jésuites et des libres-penseurs ; le pa-
piste Montalembert et le saint-simonien Guéroult. Ce con-
cert de voix discordantes n'a rien qui nous étonne. Une seule
chose est pour nous incompréhensible, c'est que tant de
Français, qui ne manquent pas d'intelligence, aient accepté,
sur l'insurrection dite polonaise, les idées absurdes dont les
journaux russophobes se sont faits les apôtres.

Il nous semble qu'il était tout naturel de se demander
d'abord si vraiment il existait en Pologne une insurrection
nationale. Or, je vous demande comment il est possible d'y
croire dès que l'on sait qu'en Pologne la masse de la population fut de tout temps asservie, foulée, tyrannisée par
cette noblesse impitoyable et orgueilleuse qui fait aujour-
d'hui l'insurrection ? Comment ce peuple pourrait-il faire
cause commune avec ses tyrans contre un gouvernement
libéral qui veut l'affranchir ? Aussi, quoi qu'en dise le parti

aristocratico-clérical de la Pologne, le peuple ne prend pas fait et cause pour l'insurrection, malgré les violences dont il est souvent l'objet de la part des insurgés. Nous serons plus juste que les russophobes, et nous ne ferons pas des insurgés autant de massacreurs et de sauvages ; mais la vérité est qu'il y en a parmi eux qui commettent d'atroces violences contre le peuple. Lorsque, par ces violences, ils ont forcé quelques paysans à les suivre, ils annoncent pompeusement que le peuple fait cause commune avec eux, et ils trouvent des gens pour le croire. Il suffirait cependant, pour être convaincu de leurs mensonges, de faire cette simple remarque : qu'ils ont annoncé déjà *cent fois* que le peuple de telle ou telle province s'était soulevé, et qu'en même temps, dans ces provinces, ils ne peuvent mettre en relief que de petites bandes de quelques centaines d'hommes, qui font des forêts leur domicile ordinaire. La population de la Pologne proprement dite est d'environ six millions d'habitants ; si l'on y ajoute les provinces russes revendiquées par l'insurrection, on arrive à une population très-considérable. Or, d'après les calculs des journaux qui, de parti pris, donnent à l'insurrection les proportions les plus exagérées, les insurgés ne formeraient qu'une centaine de mille hommes qui, pour la plupart, n'appartiennent pas à la Pologne russe.

En présence de ces chiffres, peut-on croire à une insurrection nationale ?

Le prince Gortschakow a donné à cette insurrection son véritable caractère, lorsque, dans ses réponses aux Gouvernements français et anglais, il l'a flétrie comme un parti de désordre, qui se recrute et s'organise à l'étranger, et qui n'a établi dans le duché de Varsovie son centre d'opérations que pour *travailler* sûrement à l'abri d'un principe qui n'est en réalité qu'un prétexte.

Mais, nous dit-on, si la nation n'est pas avec les insurgés, comment expliquez-vous les actes de ce comité *national* qui fonctionne en Pologne, au sein même du gouvernement russe; qui a ses ministres, ses employés, même ses percepteurs; qui a sa police, ses journaux; qui donne des ordres; qui exerce une autorité absolue en dépit de la police russe, laquelle ne peut ni le saisir, ni obtenir à son sujet le plus mince renseignement; ne faut-il pas que toute la nation le couvre de ses sympathies et de son appui, pour qu'il puisse ainsi agir au milieu de ses ennemis? Depuis six mois, les journaux russophobes chantent cette ritournelle. Ils annoncent à tout propos que non-seulement le peuple est tellement uni que le gouvernement national a sa police organisée, ses journaux, ses impôts, ses finances, ses employés, une armée de cent mille hommes; mais encore que les Russes, dépourvus de finances, d'armée, sont menacés à l'intérieur de l'empire par un mouvement démocratique des plus puissants. Mais ils ne s'aperçoivent pas que leur ritournelle finit par être ridicule. Si la Russie est si faible, si la Pologne est si forte; si la Russie est désorganisée, et si la Pologne est si bien organisée; si la Russie est toujours vaincue et la Pologne toujours victorieuse, comment se fait-il que le gouvernement national reste dans le mystère; que son armée, divisée par petites bandes, se cache dans les forêts, qu'elle ne possède pas une seule ville, pas un seul village, et qu'elle regarde comme des exploits glorieux d'enlever quelques rails des chemins de fer?

Il faut vraiment que nos journaux russophobes supposent les Français bien badauds pour leur chanter chaque jour cet air monotone, et croire qu'ils le trouvent intéressant.

Nous nous permettrons de leur demander d'abord si ce comité national existe en Pologne, car nous avons plus d'une raison de croire qu'il n'y existe pas, ce qui nous fait compren-

dre pourquoi la police russe ne peut le saisir. Le *Charivari*
donnait dernièrement une caricature représentant un Russe
cherchant le comité national avec une lanterne, et un insurgé
lui collant au moment même sur le dos une proclamation
dudit comité. Si nous avions un *Charivari* à notre dispo-
sition, nous représenterions celui de la rue du Croissant de-
mandant à Varsovie l'adresse du comité dit national, au moment où le susdit comité lui enverrait un agent en droite ligne
de Paris ou de Versailles. Notre caricature serait, je crois,
un peu plus spirituelle que la sienne, et surtout plus vraie.
Comment tant d'hommes qui ont le sens commun peuvent-
ils croire à l'existence du prétendu comité? Les journaux
russophobes qui en racontent les exploits se moquent de
leurs lecteurs avec impudence. Cherchez ailleurs qu'à Varsovie ce fameux comité. Vous n'avez pas besoin d'aller si loin
pour trouver l'officine ou sont rédigées les proclamations,
les bulletins guerriers et mille belles choses qui vont à
Paris, à Londres ou ailleurs en passant par Cracovie. Le
chemin est long; mais qu'importe? Nous ne nions pas
l'existence d'un comité polonais qui s'intitule gouvernement national; ce que nous nions, c'est son existence en
Pologne. Il existe, mais à l'étranger; le lieu où il tient ses
séances ordinaires, aussi bien que celui où il tient ses séances extraordinaires, existent, mais à l'étranger; il a ses journaux, mais à l'étranger; il a ses finances, mais à l'étranger;
il a ses tribunaux et ses codes et sa gendarmerie, mais dans
ses cartons à l'étranger; il possède à l'étranger une agence
qui étend çà et là, et surtout à Cracovie, ses ramifications,
pour répandre de fausses nouvelles sur les progrès et les victoires de l'insurrection; sur les cruautés imaginaires des
Russes. Voilà le gouvernement *national* de la Pologne. *L'Opinion nationale* a-t-elle le droit de trouver si extraordinaire
après cela qu'un numéro du journal du gouvernement dit

national se soit trouvé dans le paquet de journaux de l'étranger, adressé au grand-duc Constantin? Elle aurait eu plus de raison de s'étonner qu'il lui eût été adressé de Varsovie.

Ayez donc enfin un peu de pudeur, journaux russophobes! Soyez révolutionnaires, si vous voulez; soyez partisans de la reconstitution de la Pologne, si bon vous semble; croyez, si cela vous convient, qu'il vaut mieux pour le gouvernement français et pour la France de se laisser jouer par l'Angleterre, que de s'allier avec une puissance honnête, progressiste, qui aime la France. Soyez Anglais, soyez Autrichiens, soyez Hottentots, si vous voulez, mais du moins ne mentez pas, ne répandez pas à plaisir de fausses nouvelles, pour tromper vos lecteurs innocents.

Pour moi, je n'ai d'antipathie contre aucune nation, pas plus contre les Anglais que contre les Russes; si la Pologne était une nation malheureuse, asservie par le droit du plus fort, je lui serais sympathique et j'applaudirais à l'insurrection. Mais je n'aperçois, dans toute l'histoire de la Pologne, d'une part, qu'une oligarchie tyrannique martyrisant un peuple esclave, par la violence brutale et au nom d'une religion qui condamne ses excès; d'autre part, un peuple malheureux, chargé du joug comme un animal, et travaillant pour une aristocratie orgueilleuse; je n'aperçois dans l'insurrection que cette aristocratie qui voudrait reconquérir ses priviléges sur un peuple auquel la Russie offre la liberté, sur un peuple qui ne peut être rien sans la Russie, et qui sera avec elle une grande puissance; voilà pourquoi je ne comprends pas que l'on puisse être démocrate et partisan de l'insurrection dite polonaise.

Que le gouvernement anglais soit pour cette insurrection, fort bien. L'Angleterre est le pays classique de l'aristocratie. Son gouvernement soi-disant constitutionnel n'est qu'une oligarchie riche et puissante, qui ne se maintient que par des moyens factices. L'Angleterre possède des hommes de mérite et honnêtes; mais son gouvernement!!! Croyez-vous que ce soit par amour pour la liberté qu'il fasse sonner si haut le nom de la Pologne! pourquoi alors se montre-t-il si intolérant pour l'Irlande, pour l'Écosse, pour tous les pays qui ont subi son joug? Commence donc, John Bull, par montrer toi-même l'exemple, avant de donner, avec une morgue ridicule, des conseils aux autres puissances. La Russie a-t-elle jamais été aussi intolérante pour la Pologne, que tu l'as été pour l'Irlande? a-t-elle jamais forcé les polonais catholiques à payer des prêtres russes, comme tu forces les Irlandais catholiques à payer des prêtres anglicans ou protestants? La Russie a-t-elle mis les Polonais au ban de la nation, comme tu l'as fait, jusqu'en ces derniers temps, pour l'Irlande? La Russie a-t-elle contre elle toute la nation polonaise, comme tu as contre toi toute la nationalité indoue, que tu broies pour la soumettre? Et c'est toi, John Bull, qui foules les nationalités, qui n'estimes les droits d'autrui qu'autant qu'ils servent les tiens, c'est toi qui prends en main la cause de l'insurrection polonaise et qui prêches une croisade contre la Russie? Faut-il que des journaux français feignent de croire à l'amour de John Bull pour les nationalités! Faut-il qu'ils ne veulent pas voir que, obeissant à son système d'antipathie pour la France, le gouvernement anglais n'a qu'un but : empêcher entre la Francee et la Russie une alliance qui abaisserait l'Angleterre au rang d'une puissance de second ordre!

IV

John Bull fait vraiment, à propos de la question polonaise, des évolutions dont nous ne l'eussions pas cru capable, vu l'inflexibilité de son épine dorsale. Ces jours derniers, il se fâchait contre les Polonais qui ne voulaient pas se contenter de sa sympathie platonique. N'est-ce pas assez en effet pour un peuple ou pour une insurrection que l'Angleterre s'abaisse jusqu'à lui dire : *Je vous approuve!* Il faut être bien exigeant pour en demander davantage à John Bull, lorsque son intérêt, qui est *son Dieu et son droit*, ne lui fait pas un devoir de descendre, des hauteurs de la théorie, à la pratique. Mais les colères de John Bull sont passagères ; demain il chantera plus haut que d'ordinaire les hauts faits de l'insurrection polonaise, et excitera plus que jamais la France à prendre en main cette sainte cause.

Il faut vraiment que John Bull suppose l'empereur et le peuple français bien simples, pour s'imaginer qu'ils se laisseront prendre à ses grimaces, aussi facilement que certains pékins du journalisme.

Allons ! John Bull, si tu as tant de sympathies pour les nationalités, commence par respecter celles que tu n'as jamais pu t'assimiler, et qui mordront leur frein jusqu'au jour où ils pourront secouer les chaînes dont tu les a chargées. Observe toi-même à leur égard les conditions que tu poses à la Russie au sujet de la Pologne. « Tu vois une paille dans l'œil de ton voisin, John Bull, et tu ne vois pas la poutre qui est dans le tien ! Hypocrite ! ôte d'abord la poutre qui est dans ton œil, et tu y verras plus clair pour ôter la paille de l'œil de ton voisin. » Tu lis la Bible, John Bull. Ne te contente pas de la lire ; mets-la un peu en pratique, et tu ne diras pas à l'empereur de Russie : « Frère ! permets que j'ôte la paille qui est dans ton œil ; » car tu sauras que l'on peut te répondre : « Hypocrite, ôte d'abord la poutre qui est dans le tien. Tu parles d'armistice, John Bull ? Il est donc en ton pouvoir de désarmer les insurgés et de leur donner des ordres ? Alors donne-les, ces ordres ; fais désarmer. Car tu sais que l'empereur de Russie n'a pas d'ordre à donner à ses ennemis. Qu'aurais-tu dit, lorsque tu couvrais les Indes du sang des malheureux indigènes, si la Russie s'était mêlée de tes affaires, et t'avait envoyé une note dont le premier article aurait été l'armistice ? Tu te serais redressé, n'est-ce pas, John Bull ? Eh bien, permets à la Russie, qui te vaut bien, de suivre le même procédé. Fais la guerre à la Russie, et tu verras si ce pays ne te vaut pas.

Mais non. John Bull ne veut pas la guerre avec la Russie ; il aimerait mieux voir massacrer tous les Polonais que de tirer en leur faveur un seul coup de fusil. *Son intérêt* s'y oppose. Mais si la France allait déclarer la guerre à la Russie, il n'en serait pas fâché. Est-ce par sympathie pour la Pologne ? « *Aoh! nô !* » Mais les Français soulèveraient contre eux la Prusse. Ils vaincraient les Prussiens et leur prendraient les provinces rhénanes. De là une guerre européenne à laquelle l'Autriche elle-même prendrait part, malgré son antipathie pour la Russie et la Prusse.

Les choses étant arrivées à ce point, John Bull entrerait

dans la coalition, sous prétexte que la France ce serait emparée des bords du Rhin. Alors la France, épuisée d'hommes et d'argent, subirait les affronts de 1815.

Tel est le plan de John Bull. Tel est le secret de sa diplomatie et de son enthousiasme pour la question polonaise. John Bull est habile.

L'est-il véritablement, ou bien sont-ce nos journaux russophobes qui sont des niais? Je n'ose résoudre la question. Je me permettrai seulement de dire que je rougis pour la presse française, autrefois si intelligente, quand je la vois subir l'*habileté britannique*.

La France peut-elle jamais suivre les inspirations de l'Angleterre?

L'Angleterre veut l'affaiblissement de la France : c'est là une vérité passée à l'état d'axiome. Chaque fois que l'Angleterre cherche à pousser la France en avant, c'est qu'elle espère que la France subira un échec. Il n'y a en Europe qu'une puissance qui soit sympathique à la France et sur laquelle la France puisse compter, c'est la Russie. Que deviendrait le reste de l'Europe si la France et la Russie étaient unies? De quel poids pèseraient l'Autriche et l'Angleterre devant cette alliance? Que deviendrait cette puissance maritime dont l'Angleterre est si fière, si les États-Unis, déjà si intimement unis avec la Russie et qui se souviendront toujours qu'ils doivent à la France leur affranchissement du joug de l'Angleterre, si ces États entraient dans l'alliance franco-russe?

France, Russie, États-Unis, voilà une véritable *sainte-alliance* qui deviendrait la source du progrès et de la paix universels.

Le monde entier ne pourrrait lutter contre les forces combinées de ces trois puissances, ni sur mer, ni sur terre. Leur volonté serait la loi.

Or, la volonté de la France et des États-Unis ne peut être que la liberté et le droit. Quant à la Russie, elle est entrée, sous l'impulsion du grand et honnête empereur qui la gouverne, dans la voie d'un progrès réel et rapide; elle jouit, depuis des siècles, d'institutions excellentes; elle est chaque jour débarrassée des mauvaises; son aristocratie, qui est la plus libérale de l'Europe, secondera, plutôt qu'elle n'entravera, les desseins d'un gouvernement éclairé et ami de la justice.

Comment des publicistes français qui se prétendent libéraux et honnêtes peuvent-ils attaquer le gouvernement russe, et surtout l'empereur qui est à sa tête? car il est évident, pour tous ceux que n'aveugle pas l'esprit de parti, qu'Alexandre II est le souverain *le plus honnête* et le plus libéral de l'Europe. Si, en 1789, la France eût eu un pareil souverain, si elle eût possédé une aristocratie libérale comme celle de Russie, le progrès aurait été réalisé sans révolution et eût été plus stable; car il faut bien avouer que si, par les révolutions, la France a marché en avant, les excès nécessaires de ces mouvements l'ont fait aussi rétrograder, en donnant aux réactions une apparence de raison. Nous ne rendons pas les révolutions responsables de ces excès; il est plus juste de les attribuer, et aux obstacles que l'ancien régime a opposés à la marche régulière de la nation vers le progrès, et à une aristocratie atteinte de crétinisme. Ces excès n'auront pas lieu en Russie, parce que le gouvernement et l'aristocratie y marchent en tête du progrès, tout en conservant l'amour intelligent de l'ordre.

Est-ce ainsi que l'on considère en France l'empereur et l'aristocratie russes?

J'ai honte pour mon pays lorsque je lis dans les journaux russophobes les sottises de quelques *pékins* au sujet du tsarisme, du *papisme* moscovite, et autres sornettes de ce

genre. Qu'est-ce que le tsarisme? Le despotisme politique?
Mais il existe en Russie moins qu'ailleurs.—La double autorité
religieuse et politique réunie sur une seule tête? Cette puissance existe à Rome, mais non en Russie. Les journaux
russophobes croient avoir dit une chose très-spirituelle, en
donnant le nom *de pape* à l'empereur de Russie. Cette chose
spirituelle est tout simplement une sottise.

Ce prétendu pape de l'Église russe n'a aucune autorité
ecclésiastique; s'il vient à l'église, il n'y a même pas de place
distinguée, il se met où il peut et se tient debout comme le
dernier de ses sujets. Voilà pour le culte russe. Quant aux
cultes étrangers, il sont non-seulement *tolérés*, mais *protégés*.
Tous les cultes jouissent du libre exercice en Russie. La propagande seule est interdite; et elle l'est, non-seulement pour
les cultes étrangers, mais pour le culte national. Les étrangers qui habitent ce pays peuvent y exercer publiquement
leur religion sans entraves; ils peuvent y bâtir des églises
en toute liberté. En est-il de même en France, quoique la
liberté des cultes soit inscrite dans toutes les constitutions?
Qu'un catholique français veuille seulement avoir son église
avec le culte en français, et l'on verra bien! Il aura d'abord
à demander à M. le préfet de police une autorisation qui
pourra lui être refusée, sans qu'on en dise même le motif. Si
cette autorisation est accordée, M. le préfet de police pourra
encore, sans dire pourquoi, faire fermer l'église, quand
il aura pour cela des raisons particulières, parce que le culte
ne sera pas *reconnu par l'État*. Mais pourquoi l'État ne recon-
naît-il pas tous les cultes, conformément au principe inscrit
dans toutes les Constitutions? Est-ce pour ne pas les payer?
Qu'il reconnaisse du moins ceux qui ne lui demandent rien,
ou plutôt, qu'il leur laisse liberté pleine et entière, dès que les
réunions se font en public et que la police elle-même peut y
assister. La liberté des cultes est donc plus grande en Russie

qu'en France. En présence de ce fait, que deviennent les déclamations au sujet du papisme moscovite ?

Laissez donc enfin de vieux préjugés ridicules sur le prétendu pape-empereur de Russie. Soyez justes au moins, si vous avez vos raisons pour n'être sympathiques ni envers une grande nation, ni envers un gouvernement qui en fera un jour (et ce jour n'est pas loin) la nation la plus riche, la plus puissante et la plus heureuse du monde. Tous les éléments de la richesse et de la puissance sont en Russie, et son gouvernement entre résolûment dans une voie qui fera fructifier ces éléments de prospérité.

V

Les journaux russophobes puisent là un prétexte pour se
déclarer contre la Russie. Ils voudraient lui enlever ses meil-
leures provinces sous l'absurde prétexte qu'elles appartiennent
à la Pologne; ils voudraient, dans la Pologne ainsi constituée
à leur fantaisie, poser une barrière au développement de la
Russie. C'est là un projet chimérique. La Pologne aujour-
d'hui, c'est le duché de Varsovie, ils n'en feront pas autre
chose. Or, prétendre, avec ce grain de sable, faire dérailler
une locomotive aussi puissante que la Russie, c'est une idée
extravagante. Si le duché de Varsovie était assez malavisé
pour écouter les insurgés cosmopolites, il serait écrasé. Il
préférera, nous en sommes certain, unir ses destinées à celles
d'une nation qui a la même origine, qui vivra avec lui d'une
vie commune, et dont il partagera les hautes destinées. Le
journal *l'Opinion nationale* disait dernièrement qu'il voulait
un grand royaume slave, et proposait de le construire avec la
Pologne. La besogne est toute faite. Le grand royaume slave
existe, c'est la Russie. Pourquoi vouloir le détruire pour le
récomposer avec une province insignifiante? C'est entreprendre de faire entrer le tout dans une imperceptible fraction. Les saint-simoniens de *l'Opinion nationale* peuvent être

d'habiles gens ; mais le Père Enfantin ne leur a pas légué le secret de démontrer qu'une fraction puisse absorber l'entier.

L'intérêt de la Pologne est qu'elle se fusionne avec la Russie. Que seraient les anciennes provinces de France si elles n'étaient pas devenues françaises ? que seraient la Normandie, la Lorraine, l'Alsace, la Provence, la Bretagne, etc., etc. ? Elles se sont identifiées avec la France ; elles vivent de la même vie ; elles en ont pris le nom, et elles peuvent se glorifier de sa gloire. Lorsqu'on voit en France les bienfaits d'une assimilation de races diverses, pourquoi tant se récrier contre la fusion de deux races qui ont l'une et l'autre la même origine ?

Convenez qu'au fond de la question polonaise, il n'y a point de question de nationalité. Ce n'est pas la nation polonaise qui est insurgée, c'est l'aristocratie renforcée du clergé, qui a, en Pologne, ces mêmes idées que conserve religieusement en France notre vieille et imbécile aristocratie. Que les marquis de l'ancien régime regrettent le bon vieux temps des *provinces* françaises avec leurs us et coutumes différents, cela est fort inoffensif de leur part ; que la vieille aristocratie polonaise conserve des idées analogues, nous le lui permettons. Mais que des journaux soi-disant libéraux cachent sous des mots pompeux leurs sympathies pour de pareils *encroûtés*, c'est là qu'est le problème dont la solution prête à toutes les suppositions imaginables. Pourquoi les journaux russophobes ont-ils certaines idées pour la France et des idées contraires pour la Pologne ? Pourquoi trouvent-ils que la révolution française a été bien inspirée, en assimilant les Normands, les Alsaciens, les Lorrains, les Provençaux, les Bretons ; en détruisant les démarcations territoriales par une nouvelle circonscription en départements ; en cherchant à remplacer les idiomes particuliers par la langue française ; en abolissant les anciennes assemblées provinciales ; en centralisant la France; en opérant enfin ce grand travail d'assimilation qui a fait la France ce qu'elle est? Si ce travail est bon en France, pourquoi serait-il mauvais en Russie ? Dira-t-on que le cas n'est pas le même? Pardon; le cas est absolument identique. La Russie a même plus raison que la révolution française. En effet, la révolution a assimilé des peuples d'origine diverse, tandis que les Polonais et les Russes appartiennent à la même race ; ils sont Slaves les uns et les autres. L'assimilation est plus facile et plus rationnelle entre Russes et Polonais qu'entre Normands et Provençaux.

Les Polonais ne forment qu'une fraction de la race slavone ; ils ne sont que les *habitants de la plaine*, selon l'étymologie de leur nom. Cette fraction a été un instant la plus puissante. Elle a vaincu la Russie qui, mieux avisée que la Pologne actuelle, offrit à Sigismond III de reconnaître pour roi un Polonais, Ladislas, à condition qu'on respecterait ses croyances religieuses. Sigismond, vendu aux jésuites, préféra la guerre à une alliance, à un trône pour son fils. Il s'empara de Moscou et couvrit la Russie de ruines et de sang. Le peuple russe se leva en masse et chassa ses massacreurs. De là une antipathie profonde entre les Russes et les Polonais, malgré l'identité de race. La Pologne, minée à l'intérieur par ses divisions intestines, alla s'annihilant, tandis que la Russie grandissait et se fortifiait. Un jour arriva où la Pologne, comme un édifice depuis longtemps miné, tomba, et fut partagé entre les puissances limitrophes. La Russie traita la partie de la Pologne qui lui échut beaucoup mieux qu'elle n'avait été traitée elle-même par la Pologne. Aujourd'hui, les russophobes, sans tenir compte de l'histoire, ne songent qu'à reprocher aux Russes des persécutions imaginaires. L'aristocratie et le clergé, qui inspirent ces beaux sentiments, devraient du moins se souvenir que c'est leur despotisme, leur égoïsme, qui ont été la cause la plus directe de la ruine de la Pologne ; le clergé devrait, lui, se souvenir qu'il déclarait, au moment du premier démembrement de la Pologne, qu'il ne *pouvait plus reconnaître pour sa patrie un pays qui voulait le faire contribuer aux charges de l'État !* Leur rendre ce malheureux pays, ce serait l'abandonner à la tyrannie et au fanatisme. Le dernier mot de l'insurrection polonaise, c'est le retour de l'esclavage pour le peuple, le règne autocratique d'une oligarchie qui n'a jamais su faire des Polonais qu'un troupeau d'esclaves. Comment rêver une telle reconstitution , lorsqu'on ne voit, dans toutes les provinces polonaises, que des éléments contraires ; lorsqu'on ne peut avoir en perspective que des divisions intestines, des luttes incessantes qui amèneraient bientôt la chute de ce que l'on voudrait reconstituer ?

Nous pouvons juger de ce que serait la Pologne elle-même, par les réfugiés polonais qui sont à Paris. Ils sont divisés en trois partis : légitimiste, constitutionnel et démocratique ; ces trois partis sont animés l'un contre l'autre d'une haine qui ne connaît pas de limites. Mettez-les à l'œuvre en Pologne ; puis annexez à ce nouvel État les provinces qu'ils réclament, avec l'antagonisme des mœurs, de la religion, des intérêts, et dites ce qui pourra résulter de ce chaos sur lequel régneront le désordre et la confusion ? Il en résultera une nouvelle chute de la Pologne et la millième preuve que les Polonais ne peuvent former une nation. Une nation polonaise est une chimère. Les Polonais ne seront quelque chose qu'en formant une partie intégrante de la grande puissance slave, c'est-à-dire de la Russie.

Croit-on répondre à tout cela par des notes diplomatiques ? On est allé jusqu'à en mendier à l'Autriche, qui entend conserver la partie de la Pologne qui lui est échue, à l'Autriche qui écrase tant et de si nobles nationalités !

Mais le Turc, qui ne règne que sur des nationalités qui

l'abhorrent, a bien envoyé sa note à la cour de Russie en faveur de la Pologne ! Le schah de Perse a bien osé, lui aussi, faire sa démonstration ! Pourquoi l'Autriche n'élèverait-elle pas, elle aussi, la voix?

Et le saint-père, n'a-t-il pas aussi envoyé sa note à la Russie? Lui, du moins, a considéré les choses du côté pratique. Il a fait l'histoire à sa manière, afin d'établir que les catholiques n'ont jamais été assez libres en Russie ; puis il a demandé : 1° la restitution des biens ecclésiastiques ; 2° le rétablissement des couvents supprimés ; 3° l'établissement de colléges et universités catholiques-romains ; 4° la liberté absolue dans les relations des catholiques-romains avec la cour de Rome ; 5° l'acceptation d'un nonce qui serait le centre de l'Église romaine en Russie ; 6° enfin la reconnaissance de tous les droits que s'attribue la papauté.

Voilà du moins une note à laquelle on ne peut pas reprocher de se perdre dans les nuages de la théorie. Tout y est *pratique*.

Si l'*Opinion nationale* l'eût connue, elle aurait eu à regretter ce mot charmant : qu'*entre papes* on a des ménagements à garder ; car il est évident que le pape de Rome a la modestie de dire à l'empereur de Russie : « Vous ne gouvernerez bien que si je gouverne à votre place.»

Tâchez d'abord, saint-père, de gouverner votre État microscopique de manière à n'avoir plus besoin d'une armée étrangère pour vous garder ; alors vous aurez un peu plus de droit de proposer aux autres États la faveur d'être gouvernés par vous.

VI

Résumons-nous et recueillons quelques notes statistiques
à l'appui de ce que nous avons avancé.

Il est bien entendu que l'Angleterre ne veut pas faire la
guerre à la Russie, mais qu'elle ne serait pas fâchée de voir la
France s'engager dans la lutte.

Or, le gouvernement français ne pourrait raisonnablement
commencer la guerre contre la Russie que s'il avait en réserve
dans sa caisse des sommes énormes ; que s'il pouvait,
pendant de longues années, avoir sur le pied de guerre une
armée de cinq cent mille hommes ; que s'il était sûr qu'à un
moment donné, la plus grande partie de l'Europe, y compris
l'Angleterre, ne se tournerait pas contre lui ; enfin, s'il avait
des raisons de la plus haute importance pour l'entreprendre.

Quand le mouvement polonais serait un mouvement national, comme on le prétend, nous ne verrions pas là un motif
suffisant pour la France d'entreprendre *seule* la guerre. Nous
savons parfaitement qu'il n'est pas permis de laisser fouler
une nation par une force supérieure ; mais les puissances qui
semblent s'intéresser si vivement à cette nation ne doivent-
elles pas avoir les mêmes motifs que la France pour prendre
en main sa cause ? Puisqu'elles s'entendent avec le gouvernement français *diplomatiquement*, ne doivent-elles pas s'unir à
la France sur le champ de bataille, dans le cas où la guerre
serait jugée nécessaire ?

L'Angleterre et l'Autriche ne feront pas la guerre ; elles le
déclarent formellement. Alors pourquoi la France la ferait-

elle ? L'abstention de ces puissances cache un piége par trop évident pour que le gouvernement français ne l'aperçoive pas.

La sympathie de l'Angleterre pour la Pologne se réduit à des notes et à des propositions ridicules dans les Chambres. Que le gouvernement français fasse aussi des notes ; que les députés fassent de l'énergie sur leurs siéges, nous ne voyons pas à cela un grand inconvénient. Il n'en serait plus de même si on allait déclarer la guerre à la Russie.

Il ne s'agirait plus ici de la prise de Sébastopol qui, pourtant, nous a coûté tant de millions et de malheureux soldats ! Il s'agirait d'aller attaquer la Russie, non plus à l'extrémité de son empire, mais au cœur même d'une nation énergique, prête à tous les sacrifices, et qui lutterait pour l'intégrité de son pays.

Or, la Russie d'Europe possède une population de plus de soixante millions. Elle peut entretenir une armée plus forte que celle de la France. L'empereur Alexandre, chéri de ses sujets, verrait s'unir, en cas d'attaque, à l'enthousiasme qu'il inspire, l'énergie dont un grand peuple est toujours animé lorsqu'il défend sa patrie.

Si nous ajoutions à la population énorme de la Russie d'Europe celle de la Russie d'Asie, à quel chiffre arriverions-nous ?

Nous demandons quelle diversion pourrait faire la Pologne en cas de guerre, supposé qu'elle soit tout entière favorable à l'insurrection, ce qui n'est pas.

Voici, d'après M. Maurice Block (1), comment se décompose la population de la Russie d'Europe : Orthodoxes, 50 millions ; protestants, 2 millions ; israélites, 1 million et demi ; catholiques romains, *six millions* cinq cent mille cinq cent cinquante (6 500 550) : sur ce chiffre, la Pologne est pour *quatre millions* sept cent quatre-vingt dix-sept mille (4 797 000), il

______

(1) *Puissance comparée des divers Etats de l'Europe.* Gotha, 1862.

n'y a donc qu'un million et demi de catholiques romains dans les vastes provinces, d'origine russe ou indépendante, qui ont passé successivement sous la domination de la Pologne et de la Russie. Supposons que tous les catholiques romains soient hostiles à la Russie, nous le demandons, quelle diversion une telle population peut-elle opérer ? C'est comme si la France avait pour appui la Bavière pour déclarer la guerre au reste de l'Europe.

Admettons que toute la Pologne se soulève et s'unisse à la France, l'armée franco-polonaise aura à compter avec la Prusse qui s'unira certainement à la Russie ; or un peuple de 16 à 20 millions d'hommes n'est pas à dédaigner, et l'on doit en tenir compte, surtout quand on va l'attaquer chez lui.

A ces considérations, joignons quelques notes statistiques tirées de l'ouvrage cité plus haut, et qui ont toute l'impartialité des chiffres.

« En Russie, dit M. Maurice Block (p. 25 et 26), le nombre des Russes proprement dits, en y comprenant les populations assimilées, est tellement considérable, que les autres *nationalités* n'y peuvent exercer qu'une faible influence. Parmi les 64 à 65 millions d'habitants européens de l'empire russe, on compte la Pologne avec 4 797 000 habitants, et le grand-duché de Finlande avec 1 688 000 habitants. On trouve en outre 2 millions à 2 millions et demi de Turcs, de Tartares et autres mahométans. Si l'on y ajoute quelques autres fractions de la population, on réunit 10 à 12 millions d'individus *non-assimilés,* ce QUI NE VEUT PAS TOUJOURS DIRE HOSTILES. »

Le mouvement polonais qui a lieu en Pologne n'est en réalité qu'une faible opposition de quelques milliers d'individus qui ne voudraient pas de l'assimilation avec la Russie. Or, dans le même ouvrage cité, l'auteur apprécie ainsi

d'une manière générale le travail d'assimilation des grands
États (p. 23, § 4):

« On doit désirer que les aspirations ou les tentatives de
conquête soient partout étouffées ou arrêtées *par la présence
de corps politiques compactes et puissants*. Les intérêts éco-
nomiques y trouveront d'ailleurs leur compte, car *les grands
États* sont favorables aux progrès matériels. Si le mouvement
attractif des nationalités offre généralement un spectacle plus
sympathique que le mouvement répulsif ou séparateur, il peut
néanmoins y avoir des cas où ce dernier est parfaitement légitime. Mais, le plus souvent, la tendance séparatrice, dissol-
vante, est un mouvement *rétrograde, opposé à la civilisa-
tion* (1). Poussé jusqu'à la dernière conséquence, il aboutirait
au *morcellement* des peuples en tribus, en familles isolées.
Désirer que les Basques et les Bretons, les Flamands et les
Provençaux, les Auvergnats et les Normands, se décomposent
en leurs éléments, c'est faire des vœux en faveur *de la barbarie* des temps reculés. »

Ajoutons que ce serait vouloir détruire la France. Or,
les divers gouvernements qui se sont succédé en France
ont-ils eu raison de travailler à l'assimilation des races
ennemies? La révolution a-t-elle eu raison de compléter
l'œuvre de la royauté sur ce point? Oui, répondent tous les
Français. Alors pourquoi reprocher à la Russie de chercher à
s'assimiler, non pas une race différente, mais une famille de
la même race qui s'est réduite à l'impuissance par sa propre
faute? Dira-t-on que les nationalités diverses qui forment

(1) M. Maurice Block met ici cette note : « Il serait bien facile de
démontrer par des faits récents (Prague, *Varsovie*) que le mouvement
des nationalités renferme un fort alliage de barbarie... Dans ces
deux villes les mouvements populaires auxquels nous faisons allu-
sion n'étaient pas dirigés contre les races *dominantes*, mais contre
les Juifs. »

aujourd'hui la France ne réclament pas contre leur assimilation ? D'abord elles ont assez longtemps lutté pour conserver leur indépendance ; notre histoire nationale est pleine de ces luttes qui ont duré plus longtemps que ne durera celle de la Pologne. Si, malgré ces luttes prolongées, les nationalités diverses qui forment la France reconnaissent aujourd'hui que leur assimilation leur a été avantageuse, pourquoi n'en serait-il pas de même pour les Polonais, lorsqu'ils comprendront tous qu'il vaut mieux pour eux faire partie d'une puissance qui sera bientôt, qu'on le veuille ou non, la première de l'Europe, que de former une nationalité insignifiante? Ajoutons, pour être parfaitement exact, que la Russie ne cherche point à détruire les nationalités diverses qui sont dans son sein ; qu'elle respecte les lois, les coutumes de ces nationalités ; qu'elle les regarde comme *unies* à elle, mais qu'elle n'entend pas les annihiler à son profit. Les Finlandais, par exemple, ne sont redevenus tels qu'ils étaient primitivement que depuis l'époque où ils ont cessé d'être partie intégrante de la Suède qui avait cherché à se les assimiler. Les Polonais eux-mêmes ont manifesté plus d'énergie nationale ils ont reconquis une littérature nationale, depuis leur union avec la Russie. Au point de vue commercial, ils seraient anéantis s'ils étaient en hostilité avec cet empire.

Vraiment nos journaux russophobes sont ridicules lorsqu'ils rêvent une grande puissance slave intermédiaire entre la Russie et les États occidentaux de l'Europe. D'abord, comme nous l'avons dit, où trouveront-ils les éléments de cette grande puissance ? Ils prétendent bien enlever à la Russie quelques provinces sous l'absurde prétexte qu'elles furent jadis conquises par la Pologne; mais, avec ces provinces, que sera la Pologne, en présence de la Russie? D'abord la nouvelle puissance aura à *poloniser* ces provinces où la population polonaise forme une minorité presque imperceptible;

elle trouvera donc là un dissolvant de sa propre puissance, un élément de division qui, joint à ceux qu'elle possède déjà en elle-même, la conduiront rapidement à un anéantissement complet. Il n'est pas nécessaire d'être prophète, ni même profond diplomate, pour prévoir et prédire ce résultat nécessaire de l'utopie appelée : *Reconstitution de la Pologne.* Où, donc, encore une fois, nos russophobes trouveront-ils les éléments de la grande puissance intermédiaire qu'ils rêvent ?

S'ils désirent un autre renseignement sur la Russie, nous le puiserons encore dans l'ouvrage cité (p. 7) :

« Un vaste pays d'une fertilité médiocre et peu peuplé est facilement défendu et difficilement conquis. Si la contrée est grande et fertile, si elle renferme encore de bons terrains à défricher, l'aisance s'y acquiert sans trop de peine, la population s'accroît dans une progression rapide, de sorte que sa puissance relative augmente presque d'année en année et modifie l'équilibre international. En moins d'un siècle, l'empire du czar (partie européenne) renfermera dans ses limites actuelles au moins cent, peut-être 120 millions d'habitants, tandis que les huit provinces de la Prusse en compteront à peine 25 millions, et les 89 départements de la France 40 ou 45 millions tout au plus. »

Direz-vous que c'est une raison de plus de mettre une barrière entre cette énorme puissance et nous ? Admettons. Mais, encore une fois, où la trouverez-vous, cette barrière ? Soutiendrez-vous encore que vous la trouverez dans la Pologne ? Il serait aussi raisonnable de dire qu'avec un caillou vous forcerez le Volga à remonter vers sa source.

Que faut-il donc faire ? Eh ! mon Dieu, avoir la paix avec la Russie ; cultiver l'amitié que les Russes ont pour la France, au lieu d'exciter contre nous les rancunes de ce grand peuple, comme s'efforcent de le faire chaque jour des journalistes anglomanes assez sots pour se laisser piper par John Bull.

Terminons :

Si, dans notre humilité de simple citoyen français, nous osions donner à l'Empereur et à son gouvernement un conseil, nous lui dirions : « Sire, n'écoutez pas John Bull, le geôlier de votre oncle à Sainte-Hélène. Il est votre ennemi et celui de la France. Le conseil que je vous donne n'est pas celui d'un flatteur. C'est celui d'un démocrate qui ne vous a jamais rien demandé, qui ne vous demande rien ; d'un homme qui place avant les questions de forme gouvernementale l'intérêt et la gloire de la France ; c'est le conseil d'un homme qui publie ce travail sans avoir pris l'avis, ni de la Russie, ni de l'insurrection polonaise, ni de votre gouvernement ; d'un homme qui n'a qu'un but : celui de dire ce qu'il croit vrai et utile à son pays. Travailler à la grande alliance de la France avec la Russie et les États-Unis, tel doit être le but de tout gouvernement français qui veut son propre salut et la gloire de la France.

Quant à toi, peuple français, auquel je dédie cet écrit, défie-toi des russophobes, ils sont plus *Cosaques* que les amis de la Russie. Ils veulent l'humiliation de la France ; ou bien, si tu l'aimes mieux, ils sont assez sots pour voir sa gloire dans ce qui la conduirait à l'ignominie. Ils suivent les inspirations de l'Angleterre. Cela doit suffire pour te mettre sur tes gardes. L'Angleterre cherchera toujours à affaiblir la France. La France doit travailler à affaiblir l'Angleterre. Elle y parviendra par une alliance avec la Russie et les États-Unis. Poursuivre cette alliance, la conserver, la fortifier, telle est la vraie politique française, la politique vraiment nationale, qui fera de la France une des trois grandes nations auxquelles est dévolue la mission de civiliser le monde et d'établir partout le règne de la justice dans la liberté.

Paris. — Typ. de Cosson et Comp., rue du Four-Saint-Germain, 43.